MÉMOIRE

SUR

Les Forestiers de Flandre.

QUESTION PROPOSÉE PAR LA SOCIÉTÉ DES ANTIQUAIRES DE LA MORINIE, POUR LE CONCOURS DE 1834.

A t-il réellement existé des Grands Forestiers de Flandre, considérés comme exerçant la puissance gouvernementale ? Par qui, et à quelle époque, ont-ils été institués ? Quelle était l'étendue de leur pouvoir et de leur juridiction ?

Il est bien entendu que la réponse doit être appuyée sur des actes authentiques, et non sur le dire d'Oudegherst et autres chroniqueurs de Flandre du même genre.

Lettre de M. LEBON à la Société des Antiquaires de la Morinie.

Messieurs,

Mes opinions sur la question des Forestiers se trouvant opposées à celles qui ont été émises par plusieurs doctes historiens, à des époques différentes, j'avais cru devoir renoncer à ce travail, effrayé de la pensée d'entrer en lice avec des hommes cités comme autorités dans l'histoire de Flandre. Le désir de témoigner ma reconnaissance à la Société qui a bien voulu m'admettre dans son sein, et les encouragemens de quelques amis, m'ont engagé à reprendre la plume, pour leur donner une preuve de ma bonne volonté, quand même je ne parviendrais point à produire une notice digne d'être présentée à cette honorable compagnie.

J'ai parcouru, de nouveau, les nombreux écrits publiés sur cette matière depuis le milieu du sixième siècle jusqu'à nos jours, et j'ai cru m'apercevoir que les controverses les plus dignes d'attention portaient plus spécialement sur la qualification de Forestier, Saltuarius, donnée à ces Grands Officiers, que sur la question de savoir, s'ils avaient réellement exercé le pouvoir, au nom des rois Francs de la première et de la deuxième race. Dès-lors, et sans m'arrêter davantage aux assertions sans critique, des auteurs modernes, j'ai composé le Mémoire que vous avez daigné honorer de vos suffrages ; c'est une récompense singulièrement flatteuse dont je ne perdrai jamais le souvenir.

Veuillez agréer, Messieurs et chers Collègues, l'hommage de ma reconnaissance et l'expression des sentimens respectueux avec lesquels je suis

Votre, etc.

Lebon.

Hautbourdin, 25 Avril 1835.

MÉMOIRE

SUR

Les forestiers de flandre,

Par M. Lebon,

CHEVALIER DE SAINT-LOUIS, COLONEL D'INFANTERIE EN RETRAITE,
MEMBRE DE PLUSIEURS SOCIÉTÉS SAVANTES,

Couronné à la Séance solennelle du 15 Décembre 1834.

Propria cures.

L'histoire ancienne ne contient que des notions vagues et incertaines, sur l'état de la Gaule Belgique, avant l'invasion des Romains. (A) Jugeant toutefois par induction de ce que Jules César veut bien nous en apprendre, et dirigé par les meilleurs ouvrages des indiciaires. (1) il est permis de penser que le pays devait être peuplé, et que ses habitans étaient d'un caractère belliqueux, (2) puisque les Nerviens, occupant

---

N. B. — Les notes indiquées par des lettres, sont renvoyées à la fin du mémoire.

(1) Cæsaris comm.

(2) Serickius et Pline.

une étendue de vingt lieues de longueur , sur seize de largeur, présentaient encore des armées de soixante mille hommes , après la perte de plusieurs batailles sanglantes. (B)

Les Nerviens, les Ménapiens , les Atuatiques, les Atrébates , les Morins et les Cattes, peuples qui habitaient les pays situés entre la Somme, la Sambre, l'Escaut et la mer, avaient subi le sort des autres contrées de la Gaule-Belgique, non sans avoir opposé une vigoureuse résistance. Les soldats de César , aguerris et munis de tout ce qui était nécessaire à l'art militaire, attaqués , jusques dans leurs retranchemens , par des hommes équipés à la légère , avaient laissé échapper des plaintes contre leur chef , qui les avait entraînés aussi avant dans le nord de la Gaule. Il était temps que le courage opiniâtre des Gallo-Belges cédât à la tactique, à la discipline des légions et à la politique artificieuse du général , (c) car les conséquences d'une mutinerie prête à éclater , auraient changé la situation du conquérant. Les vainqueurs , diront ici les historiens, auraient pu, s'ils l'eussent voulu, léguer aux générations futures , des documens sur l'état du pays avant leur invasion. La religion , les lois, les mœurs, les usages, l'administration , l'industrie du peuple qui composait cette portion des Gaules , étaient des mines fécondes à exploiter pour les habiles écrivains du grand empire. Mais, soit insouciance ou dédain, soit calcul d'une politique ombrageuse, qui les portait à faire disparaître les souvenirs nationaux, de l'esprit des vaincus, ces maîtres du monde écrivaient rarement l'histoire des nations réduites sous leur obéissance. Pline l'ancien, en parcourant la Belgique à la hâte, Strabon, Pomponius-Méla laissèrent, à la vérité, tomber de leur plume, quelques notes peu importantes ; mais déjà l'empreinte nationale était effacée. Les habitans des rives de l'Escaut, de la Sambre, de la Lys, malgré les soulèvemens partiels tentés par eux à différentes reprises, n'étaient plus que des esclaves. Le pays régi par ces dominateurs habiles, soumis depuis un siècle à de nouvelles institutions, avait perdu son aspect primitif, moral et politique.

Obligé de recourir aux renseignemens de ces mêmes Romains, sur la condition de nos pères pendant l'occupation, c'est donc à eux que nous emprunterons les préliminaires indispensables au sujet que nous allons traiter.

Ces hommes accoutumés aux travaux militaires, ne furent pas plus tôt en possession du pays, qu'ils cherchèrent à s'y maintenir par tous les moyens. Ils choisirent, à cet effet, les meilleures positions, y tracèrent, en forme de villes, des camps retranchés communiquant entre eux par des voies larges, solides et commodes ;

ces places fortes renfermaient des temples, des palais, des cirques, des bains et tous les édifices nécessaires au séjour des légions. L'encaissement des voies de communication tracées ordinairement en ligne droite, se pratiquait au moyen d'une tranchée ouverte jusqu'au tuf, ou jusqu'à l'argile, selon les terrains, au milieu de la chaussée, sur une largeur de vingt-quatre de nos pieds, environ. Cette tranchée comblée de gravois, de cailloutis fortement imprégnés d'un ciment très-dur, jusqu'au niveau du sol, est légèrement bombée de l'axe aux bordures ; elle était recouverte de longues dalles de pierres, jointes ensemble par des crochets de fer entaillés dans la pierre même. (1) Des lieux d'étape et de repos, établis à chaque terme de marche, des signaux placés de distance en distance, le long de la chaussée, complétaient les mesures de précaution employées pour assurer, en toute saison, la prompte transmission des ordres, la libre circulation des charrois, et la marche accélérée des troupes, de sorte qu'à la moindre apparence de révolte, les manipules les plus éloignés de leur cohorte pouvaient se réunir facilement à leur légion, et les légions arriver par les points menacés, avec la rapidité de l'éclair, souvent même avant que les naturels eussent eu le temps de se rassembler. (2)

(1) Les chevaux, les bœufs et autres animaux employés aux charrois, n'étaient pas ferrés.

(2) Végèce.

Non contents de pourvoir à leur sûreté par des travaux militaires, les Romains experts dans l'art de contenir les peuples, envoyaient, sous différens prétextes, les enfans des principaux habitans, à Rome ou dans les grandes villes de l'empire, afin d'avoir sous la main des otages qui répondissent de la conduite de leurs parens.

Des centurions chargés du recensement de la population, choisissaient, chaque année, parmi les jeunes hommes, ceux qui paraissaient le mieux constitués et le plus dispos, pour les diriger au-delà des Alpes ou des Pyrénées, quelquefois au-delà des mers d'Italie, vers les légions dans lesquelles ils devaient être incorporés.

Le commun du peuple, assujetti par la force à la culture des terres, à la garde des troupeaux, aux gros ouvrages des cités et des campagnes, était en outre détaché, par ordre de corvées ou par punition, pour être employé, sous le bâton des décurions, à la construction des bâtimens publics et de ces chaussées, monumens durables de patience.

Les Belges de la classe élevée, ceux qui possédaient de grands biens, en but aux avanies de toute espèce, se voyaient souvent forcés, pour s'y soustraire, de donner leurs filles en mariage à des légionnaires sans fortune.

La religion des Druides tolérée dans les pre-

miers momens de l'occupation, proscrite bientôt
après par décrets du Sénat ou par des édits
impériaux, ou même par de simples ordonnances
des gouverneurs, avait été remplacée par le
polythéisme imposé comme religion de l'état;
les habitans contraints de sacrifier aux Dieux,
dans les temples des Romains, ne pouvaient plus
s'assembler en plein air, et par conséquent,
n'avaient plus occasion de communiquer libre-
ment entre eux.

De même que le culte extérieur, les lois du
pays avaient fait place à la législation romaine,
sans toutefois que l'avantage d'une jurisprudence plus épurée, tournât au bien-être des nouveaux sujets. Les titres qui avaient rapport à l'obéissance des serfs envers leurs maîtres, étaient les
seuls qu'on entendît citer dans les causes portées
devant les tribunaux, et les portiques du pré-
toire abandonnés aux licteurs, ne retentissaient
plus que du bruit des verges et des cris des
fustigés, condamnés souvent sans être entendus
ni défendus; une menace, une injure légère faite
à un romain, était punie de mort, et la moindre
désobéissance, de la peine du fouet.

Les générations passaient, et les Belges ou-
bliaient leur ancienne indépendance. Deux siècles
n'étaient pas écoulés, qu'insensiblement habitués
à la servitude, ils apprenaient avec indifférence
les sanglantes catastrophes qui précipitaient du

trône les augustes Empereurs auxquels ils avaient été contraints d'élever des statues ou des autels peu de jours auparavant; ils étaient témoins et souvent victimes des séditions de la soldatesque, qui mettait la couronne aux enchères, sans qu'il leur vint à la pensée de profiter des évènemens, pour se soustraire à leur sort. (1)

Les choses en étaient à ce point, quand une révolution intellectuelle et morale, s'opéra dans les esprits. La religion chrétienne, peu répandue dans son principe, pratiquée plus tard par des hommes d'un génie supérieur, (2) tour-à-tour tolérée, protégée et persécutée, faisait des progrès en Orient, en Italie, et s'infiltrait dans les Gaules; de hauts fonctionnaires l'avaient apportée dans la Belgique ; bientôt après, des missionnaires osèrent la prêcher publiquement : plusieurs d'entr'eux, atteints par des lois sévères et par les arrêtés des proconsuls, répandirent leur sang sous la hache des licteurs; quelques-uns, tel que St.-Chrisole ou Chrisologue, périrent victimes de la brutalité des habitans. (3) Les persécutions, loin de ralentir le zèle de ces personnages apostoliques, ne firent que lui prêter de nouvelles forces. Le polythéisme usé, tombé en discrédit, même parmi les prêtres et les augures, achevait de s'écrouler devant la morale sublime du Christianisme. (D)

(1) Historiæ romanæ scriptores; passim.
(2) St.-Jérôme, St.-Chrysostôme, St.-Augustin.
(3) Acta Sanctorum; passim.

Telle était la situation religieuse et politique de nos contrées, vers la fin du quatrième siècle, quand les symptômes de décadence qui s'étaient déjà fait remarquer à Rome, se manifestèrent ouvertement dans toutes les colonies de l'empire.

Les divisions intestines, la faiblesse des Empereurs, l'insolence des gardes prétoriennes, la vénalité des emplois publics, la rapacité des proconsuls, le luxe effréné des riches, la fainéantise du peuple, qui préférait les assemblées oiseuses du forum au séjour des camps retranchés, et les spectacles publics, aux exercices militaires, ces causes réunies, avaient introduit du relâchement dans les mœurs et distendu le ressort de l'état. Les descendans de ces illustres chevaliers romains endurcis aux fatigues de la guerre, habitués au travail d'esprit, n'étaient plus que des Sybarites couronnés de fleurs ; assis alors à des festins somptueux, entourés d'esclaves, ils avaient perdu l'usage des armes, et laissaient à des mercenaires la conduite des armées, la garde des lois, et le soin des affaires publiques.

Cependant la révolte heureuse de quelques colonies semblait avoir tiré les Gallo-Belges de l'assoupissement où ils étaient plongés depuis environ cinq siècles; ils osaient se plaindre. Au milieu de ces graves circonstances, un Nervien maltraité par un centurion, pour une faute légère, lui dit : « que les Belges avilis dans sa personne par

» un châtiment deshonorant, faisaient pourtant la
» principale force des légions. » Le Nervien paya
de sa vie la franchise de son reproche, mais le
propos resta ; des placards, des emblèmes me-
naçans furent affichés sur la voie publique et
répandus jusques dans les postes militaires; des
rumeurs sourdes, signes précurseurs d'une explo-
sion prochaine, se faisaient entendre parmi le
peuple; ce n'était cependant point de la Belgique
que devait partir le mouvement.

Les Germains, plusieurs fois refoulés dans
l'intérieur de leurs forêts par les *Riparienses*,
gardiens de la frontière, avaient des échecs à
réparer, des injures à venger, et plus encore,
de riches provinces qu'ils voyaient devant eux,
à piller. Ils saisirent l'occasion favorable qui se
présentait, rassemblèrent une armée nombreuse
et passèrent le Rhin. Cette irruption soudaine fut
le signal d'un soulèvement général. Les légions
attaquées de tous les côtés à la fois, minées par
l'indiscipline, affaiblies par des défections, com-
mandées par des chefs, traîtres ou inhabiles, oppo-
sèrent une faible résistance, et l'aigle des Césars
fut chassée pour toujours de la Gaule-Belgique.

Les nationaux que nous désignerons désormais
sous le nom de Flamands, ne gagnèrent point
au changement qu'ils avaient favorisé. Les Germains n'avaient point expulsé les Romains pour
rendre les Nerviens, les Ménapiens, les Aré-

bates et les Morins à leur ancienne indépendance; aussi le lourd despotisme de ces farouches guerriers ne tarda-t-il pas à faire regretter la domination des premiers maîtres.

Plus de cinquante années se passèrent, avant que les Francs (c'est ainsi qu'on les nommait) pussent comprendre qu'il était de leur propre intérêt de mettre un peu d'ordre dans l'administration des provinces conquises. Devenus plus expérimentés , à mesure qu'ils entraient dans les voies de la civilisation , ils sentirent enfin la nécessité de suivre un système moins *germanique*. Ignorans dans l'art de gouverner, ils s'adressèrent aux Chrétiens , dont la douceur, la résignation et les lumières avaient fait impression sur eux. Ceux-ci , en échange de leurs avis , ne demandèrent autre chose que le libre exercice de leur culte.

Clovis , devenu l'époux d'une chrétienne , eut occasion d'admirer les vertus des co-réligionnaires de sa compagne ; non content de les protéger , il voulut se faire chrétien lui-même. Si le baptême ne réforma point entièrement les mœurs du fier Sicambre, il servit du moins à lui imprimer une sorte de vénération pour le respectable prélat qui le lui avait administré. St.-Remi , les évêques, le clergé obtinrent des grâces et des concessions en faveur de l'église naissante ; plusieurs des officiers de ce chef se firent baptiser à son exemple. Clotaire , premier successeur de Dagobert, moins rude que son père et son aïeul, leur accorda une protection plus étendue ; l'exemple du prince, la faveur dont jouissaient les chrétiens à sa cour, le zèle toujours croissant des missionnaires, avaient fait disparaître les derniers restes d'un culte, étrange amalgame des cérémonies superstitieuses des Gaulois et du polythéisme romain.

La population, formant aujourd'hui les deux Flandres, le Hainaut et l'Artois, réunie sous un même sceptre, pratiquant la même religion, était devenue moins abrutie et plus docile que dans les premiers momens de l'invasion. Clotaire II, quoique livré à la fougue de ses passions, continua de protéger un culte religieux qu'il professait lui-même, au moins en apparence. Tel était l'état du pays au commencement du septième siècle, époque de l'institution des Forestiers, d'après l'histoire.

Avant de nous livrer à la discussion de la question proposée par MM. les antiquaires de la Morinie, nous demanderons la permission d'ajouter un mot à ce que nous avons dit, relativement à l'organisation militaire des Romains, dans la Gaule-Belgique. Il existe deux versions à ce sujet : la première est, qu'ils avaient imaginé et formé une milice particulière, indépendamment des légions, sous la dénomination de *Riparienses, riparum custodes*. Cette milice disséminée sur la ligne frontière , était chargée d'empêcher l'entrée de certains objets , de favoriser celle de certains autres , d'opérer la recette des taxes imposées à l'introduction de certains produits, et plus particulièrement de surveiller les mouvemens des peuples situés au-delà des limites du territoire. Des signaux jalonnés de distance en distance , prévenaient les légions stationnées en seconde ligne , de ce qui se passait au dehors.

La deuxième version rapporte : que ces gardiens des frontières n'étaient autres que les habitans de la Ripuarie ou des provinces Ripuaires, comprenant l'ancienne Batavie, et s'étendant de la mer, jusqu'au confluent de la Moselle, pays dont il est si souvent fait mention dans la jurisprudence du moyen-âge. Quoiqu'il en soit de l'organisation de ces *Riparienses* soldats , ou des ripuaires habitans gardes-côtes, les historiens s'accordent sur ce point, (1) qu'ils étaient régis et gouvernés par des lois spéciales. Les Francs qui avaient adopté beaucoup d'institutions romaines, avaient trouvé convenable de continuer ou de remettre en vigueur celle dont nous parlons.

Nos plus vieilles chroniques rapportent : que le premier chef de cette milice, ou si l'on veut, le premier gouverneur de la Ripuarie, fut un puissant seigneur attuatique, nommé Darguel ,

______

(1) Formulæ Marculfi in scriptoribus Francorum.

d'Argneau ou Renaud; qu'il fit réparer un château de construction romaine, situé à l'endroit
où est aujourd'hui l'église de St.-Maurice à Lille;
que ce château, autrefois *Castrum islense*, fut sa
résidence; (1) elles ajoutent : que ce château fut
également celle de deux de ses successeurs de la
même famille et du même nom, et que cette famille
fut remplacée au pouvoir (elles ne disent ni
pourquoi ni comment) par Phinart, *Phinar-
tius*, en flamand *Phinaert*, fils de Phinibert,
arrière-neveu de Ragnacaire, un des chefs de
clans des premiers Francs, odieux au peuple
par des exactions sans nombre. Les partisans
de cette opinion, qui d'ailleurs ne précisent
point d'époque fixe, et ne donnent d'autre
qualification aux d'Argneau, (Renaud) que celle
de *Préfet*, *Gouverneur*, soutiennent que Phinart résida dans le même château qu'ils cessent
de nommer *Castrum islense*, château de Lille,
pour lui substituer l'épithète de *Buccense*, *Bucanum*, du Buc. (B)

Suit ici l'ordre de leur généalogie vraie ou
imaginaire :

D'Argneau et trois de ses parens ;

Phinart, fils de Phinibert ;

---

(1) S'il en est ainsi, il faut que la juridiction de ces grands officiers,
restreinte du temps des Romains, aux îles de la Batavie et aux rives de
quelques rivières, ait reçu une grande extension sous les rois Francs,
pour que le chef d'Argneau soit venu s'établir à Lille.

(1) Lydéric du Buc, fils de Salvaert, prince de Dijon, désigné comme premier forestier ;

Antoine, fils de Lydéric du Buc ;

Burchard, frère d'Antoine ;

Estorède, petit-fils de Lydéric du Buc;

(2) Enguelram, ou Enguerand, fils d'Estorède ;

Odoacre, *Odoacer*, fils d'Enguelram ;

Bauduin Bras-de-Fer, fils d'Odoacre.

Elles désignent le château du Buc, comme résidence des trois premiers; Harlebecques, comme résidence des deux suivans ; Bruges et Gand, comme ayant été celle des autres.

(3) Quelques chroniques moins anciennes ne reconnaissent que trois forestiers, savoir :

Enguelram, Odoacre et Bauduin.

La question était arrivée à ce point de discussion, au milieu du 15.ᵉ siècle, quand Jacques Meyer composa ses annales de Flandre, *annales Flandriœ*. Versé dans toutes les parties de notre histoire, critique habile, il résume les chroniques qui avaient paru avant lui, ainsi que tous les documens qu'il s'était procurés sur la ques-

---

(1) Pontus Heuterus in genealogiâ saltuariorum.

(2) Annales Gallo-Flandriæ Buzelini.

(3) Diverses chroniques manuscrites.

tion; il commence son ouvrage par un exposé sommaire de la situation du pays, avant et pendant l'occupation des Romains ; delà il passe à l'invasion des Francs , et définitivement il arrive à l'institution des forestiers. Il rapporte les faits et gestes de Lydéric du Buc, sous la forme dubitative; son avis est que le personnage a existé, mais que les récits exagérés de chroniqueurs crédules ou ignorans, doivent être considérés comme un tissu de fables. Il ne dit absolument rien d'Antoine; il passe de suite à Burchard, nommé préteur, *Prætor*, de Louvain , après son mariage avec Helwide , sœur de St.-Wandregesile ; il raconte : que Burchard fut privé de ses emplois par Théodoric, pour avoir suivi le parti de Pépin-le-Bref contre l'autorité royale ; il ajoute que Théodoric conserva à Burchard le titre honoraire de forestier et la jouissance de la terre d'Harlebecques, lors de l'espèce de paix conclue entre lui Théodoric souverain , et le Maire du Palais, par la raison qu'il était allié au sang royal. Il paraît étonnant que ce soit Pépin qui fasse valoir ce motif en faveur du forestier rebelle. Il ne fait autrement mention d'Estorède que pour le classer dans la généalogie, comme père de Lydéric d'Harlebecques qui fut, dit-il, rétabli dans les emplois, honneurs et dignités dont son aïeul Burchard avait joui, par Pépin-le-Bref, devenu roi après la réclusion forcée de Childéric, dernier roi de la race Mérovingienne. Meyer dit ensuite : que Lydéric épousa Hermengarde, fille de Gérard de Roussillon ; qu'il en eut un fils nommé Enguelram, lequel fut nommé gouverneur du littoral, *præfectus*, depuis l'embouchure de l'Escaut, jusqu'au port de Boulogne ; que Charlemagne, après la mort de Lydéric d'Harlebecques, voulant récompenser le dévouement de cette famille à sa dynastie naissante, augmenta son pouvoir et ses attributions, en réunissant sous sa juridiction la portion du territoire située entre la mer de Flandre et les Ardennes, et en déclarant sa charge héréditaire ; qu'Enguelram reconnaissant mit un grand zèle à faire instruire les Saxons dans la religion chrétienne et à polir les mœurs de ce peuple indomptable, déporté en Flandre. Il continue et dit : qu'Enguelram défendit les côtes contre les attaques multipliées des pirates du Nord ; qu'il favorisa l'agriculture, restaura les églises incendiées par ces pirates, en fit élever de nouvelles, fit réparer les fortifications de plusieurs villes et châteaux abandonnés ; qu'il rendit des rivières navigables, et se distingua par une conduite sage et une administration ferme et éclairée. Il ajoute : qu'Odoacre, devenu forestier, après la mort d'Enguelram, marcha sur les traces de son père ; qu'il fit restituer aux monastères les biens usurpés sur le clergé par les princes de la dynastie déchue ; qu'il donna de nouveaux encouragemens à l'agriculture, en concédant *gratis* et à longs termes, des terrains incultes ;

il termine enfin par dire qu'il emporta en mourant, les bénédictions des Flamands ravis de sa justice et de sa bonté.

Passant à Baudoin Bras-de-Fer, il le représente doué de toutes les qualités du corps et de l'esprit, brave jusqu'à la témérité et se distinguant, très-jeune encore, dans les guerres des dernières années de Charlemagne contre les Normands et les Sarrasins; d'autre part, il dit : que dédaignant une alliance commune , il osa aspirer à la main de Judith , fille de Charles-le-Chauve, et veuve d'un roi d'Angleterre, laquelle s'était laissée prendre d'amour pour lui ; qu'il l'enleva, la conduisit en Flandre et l'épousa ; que Charles-le-Chauve irrité, fit marcher une puissante armée contre le ravisseur de sa fille ; que cette armée, battue une première fois au mont St.-Eloi près d'Arras, fut définitivement mise en déroute aux environs de Lille; que Bauduin, tout vainqueur qu'il était, craignant la mise en interdit de la Flandre par la cour de Rome, s'achemina vers l'Italie, accompagné de son épouse; que le pape Nicolas, s'étant assuré que le rapt avait eu lieu du consentement de Judith, confirma le mariage et délégua deux évêques près de Charles-le-Chauve, à l'effet de négocier la réconciliation entre le roi et les deux époux; que le premier opposa d'abord quelques difficultés ; mais que, sentant le besoin de l'appui d'un guerrier comme

Bauduin, pour faire face aux Normands qui ravageaient la Flandre, il le reçut à grâce, reconnut le mariage et assigna en dot à Bauduin, tout le pays entre l'Escaut, la Somme et la mer, sous condition de foi et hommage; qu'il le créa comte de Flandre et lui accorda le droit, à lui et à ses descendans, de porter le glaive au couronnement des rois de France; qu'il l'institua, en un mot, feudataire et grand vassal de la couronne de France.

Arrivé à ce passage des annales de J. Meyer, qui termine l'histoire des grands forestiers, nous laisserons le savant curé de Blanckemberg continuer son travail littéraire sur les faits étrangers à la question, pour nous occuper des autres chroniques mises en lumière, depuis le milieu du 15.ᵉ jusqu'au commencement du 17.ᵉ siècle.

De même que Meyer avait résumé dans ses annales, toutes les chroniques connues depuis Charlemagne jusqu'à Charles-le-Téméraire inclusivement, le père Buzelin, jésuite de Cambrai, conventuel de Lille, résume tous les ouvrages d'antiquités, qui parurent depuis Maximilien d'Autriche jusqu'aux règnes des archiducs Albert et Isabelle. Ainsi, en analysant le *Gallo-Flandria sacra et profana* et les *annales Gallo-Flandriæ* de cet auteur, nous évitons l'ennui d'un long rapport sur les chroniques de cette époque, qui concernent nos forestiers, et nous épar-

gnons à MM. les antiquaires de la Morinie la
fatigue de lire des redites et des répétitions, sans
utilité pour l'éclaircissement de la question. (1)

Le père Buzelin, après un préambule exact
et concis sur l'occupation, l'expulsion des Romains
et l'invasion des Francs, arrive aux forestiers
dont il dresse la généalogie en tout conforme
à celle de *Pontus Heuterus*, en commençant à
Lydéric du Buc, et finissant à Bauduin Bras-de-
Fer. Moins sobre de détails que son prédéces-
seur sur le premier forestier, voici en substance
ce qu'il raconte à ce sujet.

Salvaert, prince de Dijon, fuyant la Bour-
gogne en révolte contre lui, se dirigeait sur
l'Angleterre, où il espérait trouver un asile à
la cour du Roi son parent; il traversa, sans
défiance, les terres dépendantes de la Châtellenie
du Buc; en passant près de Lille, il fut attaqué par
Phinaert qui fondit sur son escorte, pilla ses ba-
gages et le tua. Ermengarde, épouse du malheureux
Salvaert, s'était sauvée, durant le combat, dans
un bois attenant au château; enceinte et trem-
blante, elle se cacha dans des broussailles où elle
accoucha d'un enfant mâle, un ermite, nommé

---

(1) On sent qu'il ne peut être ici question des chroniques contemporaines sur l'histoire de cette époque, mais seulement de celles
des auteurs modernes qui traitent de l'ancienne histoire de Flandre.

Lydéric, l'aperçut et l'aida à envelopper son fils de langes, le baptisa et lui donna son nom. Une biche se présenta miraculeusement, allaita ce nouveau né, et continua ses visites régulières jusqu'à ce que le jeune Lydéric pût se passer de ses soins. Cependant les gens de Phinaert avaient découvert la mère, et l'avaient conduite au château, où elle fut mise en prison à cause du refus qu'elle avait fait d'épouser le meurtrier de son mari ; pendant sa captivité, l'ermite prenait soin de son fils qui donnait les plus belles espérances. Dès qu'il fut en âge de porter les armes, l'ermite le fit passer en Angleterre, où il fut accueilli à la cour du Roi son parent ; il y prit de l'amour pour la princesse Gratianne, sa cousine ; devenu habile dans l'art de l'escrime, il se sauva d'Angleterre, passa en France, se présenta à la cour de Clotaire II, où il charma les Seigneurs par sa bonne mine et son adresse à manier les armes. Bientôt le Roi, sur ses demandes réitérées, lui octroya franchise d'appeler Phinaert, son forestier, en combat singulier. Il tua son adversaire, près du pont de Fins, ou de Fives, endroit où les lices avaient été dressées. Le Roi qui avait honoré le combat de sa présence, donna ou inféoda les terres et le château du Buc au vainqueur. Le premier soin du fils de Salvaert, fut de mettre sa mère en liberté. A quelques années de là, Lydéric étant à la chasse, égaré loin de sa suite, eut le bonheur de sauver la princesse Rothilde, fille du Roi, son protecteur, des mains de deux ravisseurs qui s'en disputaient la possession. Le Roi donna la princesse à son libérateur. Les noces furent célébrées avec éclat à Soissons, en présence de la cour de France; douze enfans naquirent de cette union ; Joserame, l'aîné de ses fils, reconnu coupable d'avoir volé un panier de fruits à une vieille femme, fut décapité par ordre de son père, qui voulait montrer par cet exemple sa justice et son impartialité. Après cela, il fit la conquête de Tournay, de Cambray, d'Arras et d'autres villes de moindre importance, et fonda les villes de Lille et d'Aire, fit fleurir la religion chrétienne, aida Dagobert à repousser les Huns qui s'étaient avancés jusqu'en Picardie, fit *ensépulturer* honorablement l'ermite qui l'avait élevé, donna de grandes preuves d'amitié à St.-Amand, termina sa longue carrière en 676, fut inhumé à Aire, où ses enfans lui firent élever un superbe tombeau, dont on apercevait à peine quelques vestiges à l'époque où l'auteur écrivait. (F) Ses enfans, à l'exception de Joserame dont nous avons parlé, exercèrent après sa mort, des emplois importans dans les villes de Flandre. On assure, ajoute Buzelin, qu'il eut aussi deux filles et un fils de la princesse Gratiane ; que le fils nommé Neavelon devint le chef d'une division territoriale en Angleterre.

Buzelin présente deux versions, prises dans deux chroniques différentes, au sujet d'Antoine; la première le représente comme un prince accompli et l'autre en fait un tyran vicieux; cet auteur s'accorde avec ce que dit Meyer de Burchard, Estorède, Lydéric d'Harlebecques et Enguelram; il ajoute seulement : qu'Estorède eut à se plaindre de l'ingratitude de Pépin, qui l'oublia dans sa terre d'Harlebecques, après que ce dernier fut parvenu au trône, bien que Burchard, père d'Estorède, eût subi une disgrâce pour s'être jeté dans le parti du nouveau Roi. Passant à Odoacre, il dit : qu'il accorda des exemptions d'impôts à la ville de Gand, afin de contribuer à la reconstruction de cette ville saccagée par les Normands. Il s'étend plus que Meyer sur le compte de Bauduin Bras-de-Fer; il dit : qu'il fut blessé et laissé pour mort, après avoir fait des prodiges de valeur à la bataille d'Auxerre, où ce Prince avait embrassé le parti de Lothaire, contre les deux autres fils de Louis-le-Débonnaire; que relevé du champ de bataille, par les soins d'un frère d'armes, dont le nom n'est pas indiqué, il fut ramené secrètement en Flandre, où il sut se soustraire à la vengeance de Charles et de Louis. Buzelin ajoute : que Judith était non seulement veuve du Roi d'Angleterre, mais qu'elle avait aussi été promise au Roi de Navarre, quelque temps avant son enlèvement; il disserte longuement sur les lieux où se donnèrent les

deux batailles entre Bauduin et les troupes de
Charles-le-Chauve, et sur l'endroit où se tint
le conventicule qui amena le traité avec son
beau-père ; il fait mention d'une longue guerre
survenue en 879, entre Bauduin et Rainier,
premier Comte de Hainaut.

En comparant les annales de J. Meyer avec
celles de Buzelin, on voit qu'elles ne diffèrent
essentiellement que dans le récit des aventures
de Lydéric du Buc, rapportées par le premier,
sous une forme briève et dubitative, et données
par le second, comme tradition presque véritable.
Nous essaierons d'expliquer ci-après cette différence ; en attendant, recourons aux autorités qui
ont servi de texte ou de garantie à tous les deux.

J. Meyer ne cite pas, c'est donc au hasard
que nous avons dû chercher ses preuves ; cependant ses annales toujours trouvées exactes et
conformes à la vérité, quand on vient à la véri-
fication des faits, les pièces manuscrites mises
à sa disposition par Philippe-le-Bon, la réputation dont il jouit, à juste titre, parmi les historiens flamands, la justesse de sa critique enfin,
doivent être d'un certain poids pour les faits
qu'il est impossible de vérifier.

Buzelin, au contraire, n'épargne pas les cita-
tions ; malheureusement, Louis Bresin, Chrétien Massé, Jacques Marchant, Pierre d'Oudegherst, Ferry de Locres, Gorop, Cornille Martin,

Pontus Heuterus, écrivains qu'il se plaît à nommer, ne l'avaient précédé que de peu de temps; ils ont par conséquent eux-mêmes besoin de garantie. Une seule autorité, celle sur laquelle il s'est principalement appuyé, a attiré notre attention. Elle a pour titre : *Chronicon vetus manuscriptum Flandriæ*, sans autre désignation et sans nom d'auteur. Nous reviendrons plus tard à cette chronique. Obligé, comme on voit, de marcher sans guide, sans indices, à la recherche des pièces et des documens qui ont dû servir de base aux récits de nos deux annalistes, notre travail a été pénible, fastidieux, mais il n'a pas été tout-à-fait infructueux, puisque nous avons trouvé :

1.° Dans un vieux manuscrit maculé, lacéré en divers endroits, intitulé, autant que nous avons pu juger par la suscription en tête de la première page : *ex diplomatibus monumentis* : que Lydéric du Buc, appelé à Soissons par Dagobert Ier, y reçut l'investiture de tout le pays entre la Somme et le château du Buc. Ce manuscrit ne porte point de date; l'écriture nous a paru appartenir au 11.e ou 12.e siècle. Est-ce une copie, est-ce un original, la pièce mérite-t-elle confiance ? c'est ce que nous ne pouvons décider.

2.° Dans les collections d'André Duchesne, sous la date de 766 : que Lydéric d'Harlebecques, avait épousé Hermengarde, princesse de Roussillon; que Charlemagne leur donna des biens considérables en

Hainaut. La réputation d'André Duchesne, ses profondes connaissances, les nombreuses recherches qui l'ont occupé toute sa vie, sont, à notre avis, des témoignages d'un grand poids.

5.º Dans la chronique d'Eginhard, fidèlement transcrite au deuxième tome du *collectio amplissima* de Dom Martene, sous la date de 792 : que Charlemagne confia les Saxons déportés en Flandre, aux soins de Lydéric d'Harlebecques. Eginhard ne dit point, à la vérité, quelles étaient ses fonctions, ni quelle était sa dignité. Cette chronique (1) que l'on retrouve dans les *scriptores Francorum* de Dom Bouquet, est une preuve évidente de la présence du personnage en Flandre, à l'époque indiquée dans la généalogie de Buzelin. La commission importante dont il était chargé, porte à croire qu'il y exerçait une haute magistrature.

4.º (2) Dans la chronique de St.-Bertin : que Charlemagne inféoda ou concéda, à perpétuité, une partie de la Flandre au même Lydéric d'Harlebecques. On objectera peut-être que la chronique de St.-Bertin, remaniée par Ipérius, ne mérite point le degré de confiance qu'elle aurait conservé, si elle était restée dans l'état où il l'a prise ; nous en convenons. Néanmoins, comme elle est

____

(1) Sub titulo vita Caroli Magni.

(2) Iper. chron. Bert.

souvent invoquée par les meilleurs historiens ,
nous n'exigeons rien de trop en demandant
pour nous le même privilège.

5.º (1) Dans plusieurs chroniques contemporaines : que Louis-le-Débonnaire donna des
terres, en Artois, à Enguelram pour le récompenser du zèle qu'il avait mis à combattre
les Normands. Il est vrai de dire que ces chroniques, pas plus que celle d'Eginhard , n'indiquent la qualité ni les fonctions d'Enguelram ,
mais dans les premières comme dans la dernière,
les récits sont en accord parfait avec la chronologie.

6.º (2) Dans les historiens français , Robert
Gaguin et Paul-Emile : que Bauduin Bras-de-
Fer , engagé dans la guerre civile entre les
enfans de Louis-le-Débonnaire , fut dangereu-
sement blessé en 841 , à la bataille d'Auxerre,
où il servait dans l'armée de Lothaire. Certes
nous ne présenterons point des historiens du
15.ᵉ siècle, comme de sûrs garants des événemens arrivés du temps de Louis-le-Débonnaire ;
cependant la coïncidence des faits qu'ils rapportent,
avec ceux qui sont mentionnés par Meyer et
Buzelin , ne laisse pas de corroborer les récits
de ces derniers.

---

(1) Script. Franc. ; D. Mart. amp. coll. Passim.

2) Paul. Em. Ver.; Rob. Gag.

7.º (1) Dans les *Scriptores Francorum*, sous la date de 862 : que Bauduin enleva Judith, fille de Charles-le-Chauve et veuve d'un Roi d'Angleterre.

8.º (2) Dans les lettres du Pape Nicolas, sous la date de 863 : que ce même Bauduin fit, avec Judith, le voyage de Rome, pour obtenir la ratification de son mariage et l'intervention du Souverain Pontife auprès de Charles-le-Chauve.

9.º (3) Enfin, dans les capitulaires du temps et dans presque toutes les chroniques de l'époque : que le mariage fut ratifié et la paix conclue entre Bauduin et Charles-le-Chauve, qui le créa Comte de Flandre. Les trois dernières pièces ne donnent point la qualité de *Forestier* aux personnages indiqués ; cependant, nous le répétons encore, il serait absurde de donner un sens détourné à une chose aussi évidente ; la Société en jugera.

Après avoir déroulé les notes que nous avons recueillies et avoir cité nos autorités, il est juste que nous reproduisions les objections qui ont été faites, à différentes époques, contre l'existence des Forestiers.

---

(1) D. Bouq. Script. Franc.
(2) *Ibid.*
(3) Car. Calv. Cap.

La première objection qui semble avoir été formée des opinions de MM. Paquot et Desroches sur la question, se réduit à celle-ci : Comment se fait-il que le gouvernement de ces hauts fonctionnaires, pendant deux siècles et demi, n'ait laissé aucune trace suivie dans l'histoire, et n'ait point été constaté par des actes de naissance, d'alliances, de décès, d'administration et autres de même nature?

La seconde, qui a quelque rapport avec la précédente, et qui se rapproche de l'opinion du chanoine De Bast, de Gand, se résume ainsi : Pourquoi ne trouve-t-on point de médailles, pourquoi n'a-t-on point découvert de monumens, ni aucun signe matériel de leur présence?

La troisième, répétée par plusieurs critiques, se trouve résumée dans la question suivante : pourquoi les Bénédictins de la congrégation de St.-Maur, si instruits dans l'histoire de France étroitement liée à celle de Flandre, surtout pour les premiers temps de la monarchie, ont-ils commencé la généalogie des grands vassaux, Comtes de Flandre, à Bauduin Bras-de-Fer, au lieu de l'avoir fait remonter, soit à Lydéric du Buc, soit à Lydéric d'Harlebecques? Ils ne l'ont pas fait; ils ont au contraire inséré dans le préambule de la chronologie des Comtes de Flandre, qu'il « n'y a aucune preuve que les » Forestiers (en les supposant des êtres réels) aient

» gouverné la Flandre, ni même qu'ils y aient ré-
» side; » d'où l'on pourrait conclure que l'histoire
des Forestiers est une pure invention sortie du cer-
veau de quelques auteurs obscurs du moyen-âge.

On s'étonne dans la quatrième objection, qui
entre tout-à-fait dans le sens d'Aubert Lemire,
que les légendaires, en écrivant la vie des Saints
de l'époque, par exemple, de St.-Eloy, de St.-
Amand , de St.-Amé , de St.-Sauve et autres
saints personnages contemporains , qui auraient
dû être en rapports, plus ou moins intimes avec
les Forestiers ou pour affaires de religion, ou
pour intérêts personnels, on s'étonne , dis-je ,
que ces légendaires n'aient fait aucune mention
de ces grands officiers , dans la vie des Saints
dont nous venons de parler.

Les étymologistes , qu'on serait surpris de ne
point rencontrer dans une controverse historique,
font les frais de la cinquième objection ; ils pré-
tendent : que les mots flamands *Worster, forster,*
qui signifieraient en français . *dehors* ou en *dehors,*
sont employés dans les chroniques flamandes, en
ce sens, *gouvernement du dehors.* Ils soutiennent
que les Français , traducteurs infidèles du bas
allemand , ayant fait *Forestier* du mot *Worster,*
ont pris *l'action de gouverner*, le *gouvernement,*
pour l'homme qui gouverne ; partant, que les
Forestier ne furent jamais que des êtres de raison,

5

que leur généalogie est, en conséquence, une chimère enfantée par une méprise.

La sixième objection, tirée d'une ancienne controverse relative à l'origine de la ville de Lille, porte, sur ce que le *castrum islense*, présumé être de construction romaine, ne figure point dans la géographie ancienne de la Gaule-Belgique; que le *castrum buccense* ne figure pas plus dans celle du moyen-âge; de là, ils concluent : que la résidence des trois premiers Forestiers est une imagination, comme le reste de leur histoire.

Nous aurions pu rassembler quelques autres observations présentées par des auteurs modernes, mais comme la plupart de ceux-ci se sont contentés de trancher la question, sans présenter les motifs de leurs opinions, ou retombent dans les six objections que nous venons d'exposer, il devient inutile de nous en occuper. Nous avons donc pris le parti de ne pas remuer la poussière qui les couvre dans les bibliothèques, où elles sont justement oubliées, et d'entrer immédiatement en matière.

Nous savons que la tradition, sans pièces authentiques, ne suffit pas pour constater l'histoire; cependant, quand l'historien qui reproduit cette tradition, jouit d'une réputation méritée de véracité, de bonne foi, d'impartialité et de critique judicieuse, alors elle tient, jusqu'à un certain point, lieu de garantie. J Meyer réunit les qualités que nous venons d'énumérer, de l'aveu des hommes les plus érudits de notre Flandre; nous ne faisons donc que nous conformer à l'opinion générale, en invoquant son autorité. Nous invoquerions également celle de Buzelin, si l'insertion dans ses annales des aventures de Lydéric du Buc, n'avait laissé une impression défavorable parmi les bons historiens. Ce religieux préoccupé de l'idée de donner, tout-à-la-fois, une origine romaine à la ville de Lille et un principe miraculeux à l'institution des Forestiers de Flandre, employa, sans discernement, les documens puisés dans cette vieille chronique manuscrite anonyme, qui contient quelques faits intéressans et utiles, mêlés à une foule d'aventures puériles et romanesques ; (G) faute grave, sans doute, puisqu'elle place le témoignage de cet auteur beaucoup au-dessous de celui de J. Meyer. Cependant, si l'on veut faire abstraction de la partie évidemment fabuleuse des faits et gestes de Lydéric du Buc, et prêter attention au reste de son ouvrage, on reviendra peut-être des préventions auxquelles on aurait pu se livrer, et on pourrr lui rendre la confiance qu'il mérite sous beaucoup de rapports. A part la différence que l'on peut établir entre nos deux annalistes, et sans vouloir discuter sur la valeur de leurs témoignages respectifs, nous nous bornerons à faire observer : que l'histoire des Francs sous les Rois de la première race se trouverait réduite à peu de chose, si l'on se bornait à n'y faire entrer que des faits établis sur des preuves, autres que celles d'une tradition non-interrompue jusqu'à nous.

Les manuscrits authentiques, les pièces diplomatiques, les monumens restés de l'époque sont en si petit nombre, qu'il deviendrait impossible de lier une narration suivie du règne de ces princes, si l'on n'avait recours aux chroniques, qui ne sont que de simples traditions. Mais, dira-t-on, en si petit nombre que soient ces actes authentiques, ces preuves matérielles, il est néanmoins vrai qu'il existe des titres réels, et c'est assez pour constater les principaux faits de leur histoire, au lieu qu'il n'en existe aucun qui constate le fond de l'histoire des Forestiers. Cela est vrai, et s'il en était autrement, si nous pouvions produire des preuves authentiques, le problème serait résolu, et la Société n'aurait pas eu à mettre sa solution au concours ; mais, à défaut de ce genre de preuves, nous essaierons de faire valoir l'autorité de la tradition, pour ce qu'elle vaut. Sans vouloir pousser la conséquence de notre argument au-delà des termes de la proposition, nous nous réservons cependant de conclure plus affirmativement, toutes les fois que le témoignage des chroniques contemporaines viendra à l'appui des faits rapportés dans nos divers annalistes ; voyons donc et examinons. Nous ne nous prévaudrons point du vieux manuscrit lacéré, ni des faits trouvés dans Robert Gaguin et dans Paul Emile, parce qu'on pourrait contester, à bon droit, l'importance du premier titre qui n'offre de lui-même aucune garantie, et récuser l'autorité des historiens français précités, parce qu'ils appartiennent à une époque trop rapprochée de nous ; mais quand on lit dans les écrits d'Eginhard (1) auteur contemporain, que Charlemagne confia la conduite des Saxons aux soins de Lydéric d'Harlebecques ou d'Enguelram ; quand on trouve dans les cartulaires des Rois de la seconde race, des rapports entre plusieurs de ces Princes et Odoacre ; quand les lettres du Pape Nicolas font une mention expresse des démarches de Bauduin pour se réconcilier avec l'église et rentrer en grâce auprès de Charles-le-Chauve ; comment ne pas reconnaître dans les personnages nommés, les Forestiers repris dans la généalogie de *Pontus Heuterus*, reproduite par Buzelin? Objectera-t-on : qu'il n'est rien dit dans les récits d'Eginhard, de leurs emplois et de leurs dignités ; que les capitulaires ne citent que des noms propres, qui peuvent ne pas se rapporter à ces Forestiers? Mais la chronologie, l'identité des noms, la similitude des faits, la bonne foi des historiens sont là, pour détruire cette objection.

---

(1) Eginhard in Vit. Car. Mag.

Si de semblables titres , une coïncidence aussi parfaite ne suffisent pas pour garantir un fond d'histoire, qu'on nous montre beaucoup de relations historiques qui aient un autre fondement ! Exiger un brevet, un diplôme à chaque phrase d'un récit, ce serait pousser les précautions jusqu'à l'extrême ; s'il en était ainsi , toute discussion littéraire dégénérerait en querelles de mots, en subtilités pointilleuses, certainement plus nuisibles qu'utiles à la recherche de la vérité.

Nous avons exprimé notre opinion sur le mérite, l'importance et la valeur de la tradition , non appuyée de pièces diplomatiques, mais confirmée par les témoignages d'historiens contemporains, dont il n'est pas permis de suspecter la pureté d'intention , et qui d'ailleurs , n'avaient aucun intérêt à falsifier des faits qui se passaient sous leurs yeux ; jetons actuellement un coup-d'œil impartial sur les objections élevées contre l'existence des Forestiers, et voyons jusqu'à quel point, elles ont pu ébranler la confiance due à la tradition, appuyée sur des témoignages contemporains; examinons enfin, si elles contiennent des raisons d'une solidité assez forte , pour modifier notre opinion.

PREMIÈRE OBJECTION.

On demande , premièrement, pourquoi les Forestiers n'ont pas laissé de traces certaines de leur existence dans l'histoire ?

Il faudrait, pour que cette question eût une certaine portée en principe, avoir décidé, d'abord, une autre question que voici : pourquoi l'histoire des Rois de la race Mérovingienne est-elle si obscure et laisse-t-elle tant de lacunes à remplir ? La réponse vient tout naturellement : c'est parce que le temps écoulé depuis l'invasion des Francs, jusqu'au règne de Charlemagne, est une longue époque de barbarie. Les moines déjà établis dans le pays, seuls capables de préparer les matériaux de l'histoire de leur temps, tantôt protégés, tantôt dépouillés, sans cesse obligés de se cacher, pour éviter les vexations des gens de guerre, avaient assez à faire de réparer les églises et les monastères fréquemment incendiés ou dévastés par les Normands, de copier des missels, des rituels, des antiphonaires, des psautiers ou autres livres de leur liturgie, sans s'occuper de l'histoire profane; quant aux grands officiers de ces Rois et à leurs courtisans, illétrés pour la plupart, on doit peu s'étonner de leur silence. (II).

Si donc l'histoire des Rois de la première race a été si négligée, comment exiger que celle de leurs intendants, de leurs délégués, quel que soit le titre qu'on veuille leur donner, ait été précise et complète? C'est encore beaucoup que des chroniqueurs, peu communs alors, aient consigné quelques notes à leur sujet.

DEUXIÈME OBJECTION.

Secondement, on s'enquiert pourquoi l'on ne rencontre ni médailles, ni monumens qui rappellent des événemens marquans arrivés sous le gouvernement de ces Forestiers? Nous ajouterons à la précédente réplique, qui peut s'appliquer à cette nouvelle objection, l'observation que voici : les Germains, qui avaient emprunté aux Romains quelques-uns de leurs usages, étaient restés très en arrière dans la culture des beaux-arts, qu'ils n'avaient pas su apprécier; nous en avons la preuve dans le tombeau de Childéric découvert à Tournay, il y a près de deux siècles. Ce monument donne une aussi pauvre idée de leur architecture que de leur incurie à perpétuer la mémoire des Princes qui les gouvernaient. Les Francs de cette époque détruisaient et ne s'occupaient guères de réédifier; témoin ces voies magnifiques, objet de tant de soins, de tant de patience de la part des Romains, dont les Francs brisaient les dalles de recouvrement, dans le but de se procurer des pierres pour construire leurs habitations informes : (1) témoin ces temples, ces arènes, ces bains, dont ils employaient les débris aux plus vils usages et qu'ils dégradèrent plus en trois siècles, que les injures du temps n'auraient pu faire en deux mille ans. Les Romains signalaient les grands événemens, tels que la mort des hommes illustres, les grandes victoires, les catastrophes extraordinaires par des médailles d'or , d'argent ou de bronze. Les Francs ne connaissaient d'autres propriétés à ces métaux, que la valeur intrinsèque et ignoraient l'art de s'en servir, autrement que pour des échanges dans le commerce de la vie; ne soyons donc point surpris si les effigies de nos Forestiers, gravées ou burinées, ne sont point parvenues à la postérité.

TROISIÈME OBJECTION.

La troisième objection fondée sur l'exclusion des Forestiers dans la chronologie des comtes de Flandre, par les Bénédictins , semble , au premier abord, un arrêt sans appel contre l'existence de ces grands fonctionnaires. Cependant, si l'on considère que le plan suivi par ces religieux, pour la composition de l'ouvrage intitulé : *l'Art de vérifier les dates*, était de n'admettre aucune relation d'origine, de ne faire mention d'aucune dynastie royale ou feudataire, sans pièces diplomatiques, on comprendra pourquoi Dom Clément et Dom d'Antine se sont abstenus de produire la généalogie de nos Forestiers; ces deux religieux , dont l'un avait travaillé à la continuation de la collection des *scriptores Francorum*, commencée par Dom Bouquet, savaient bien qu'il était fait mention de Lydéric d'Harlebecques, d'Enguelram , d'Odoacre , de Bauduin , dans plusieurs chroniques faisant partie de ce grand ouvrage , mais ils ne pouvaient et ne devaient point déroger au plan adopté. Les partisans de cette objection ne s'appuient pas seulement sur l'exclusion de la généalogie des Forestiers ; ils citent aussi, avec une sorte d'assurance, une phrase du préambule de la chronologie des comtes de Flandre, insérée dans *l'Art de vérifier les dates*; nous la transcrivons textuellement : « Il n'y a » aucune preuve que les Forestiers, en les sup- » posant des êtres réels, aient gouverné la Flan- » dre , ni même qu'ils y aient habité. » Des preuves, comme il en fallait aux deux éditeurs du livre en question, il n'en existait pas, nous l'avons déjà dit ; quant à cette phrase close par une parenthèse, *en les supposant des êtres réels*, il est évident qu'elle ne pouvait provenir que d'un doute, ou d'une idée suggérée par un tiers; si elle venait d'un doute , on n'en saurait tirer une conclusion formelle ; si l'idée avait été sug- gérée par un tiers , elle n'était qu'une redite sans conséquence pour ou contre la question ; le *si* conditionnel n'exprime point une opinion déterminée; et, de la haute réputation des Béné- dictins en matière d'histoire , il ne s'ensuit pas qu'on puisse prendre dans un sens absolument négatif, une phrase jetée au hasard dans un sens conditionnel. Nous reviendrons sur cette phrase , en réfutant la cinquième objection.

QUATRIÈME OBJECTION.

Comme les partisans de la quatrième objec- tion , nous sommes étonné de ce que les légen-

daires, en écrivant la vie des Saints de la Flandre ,
contemporains des Forestiers, n'aient nullement
parlé de ces derniers , avec lesquels ces Saints
auraient dû être en rapports plus ou moins intimes.
Cependant, quand on pense que ces légendaires,
personnages très-religieux , n'avaient qu'un but
unique , celui de constater les actes de sainteté,
on est moins surpris de ce qu'ils se soient
renfermés dans le cercle étroit de leur plan, et
qu'ils aient supprimé ou négligé des détails
indifférens, selon eux, au sujet qui s'y rattachait
plus particulièrement. Au surplus, pour donner
toute latitude à cette objection et à la réfutation , il faudrait avoir le temps et la possibilité
de repasser attentivement les immenses documens
qui ont servi aux bollandistes, notamment ceux qui
concernent les *acta sanctorum Flandriæ* , pour les
septième, huitième et neuvième siècles ; c'est
là , et seulement là , selon nous , que l'on peut
espérer trouver des éclaircissemens qu'on cher-
cherait vainement ailleurs. (1)

CINQUIÈME OBJECTION.

Nous aurions été assez tenté de ne pas prendre
au sérieux la cinquième objection, faite par les
étymologistes ; toutefois, ayant pris à tâche de
répondre à tout, voici la simple observation que
nous leur opposons : toutes les chroniques de
Flandre connues, à dater des premiers Rois
Mérovingiens , ont été écrites en langue latine ,

et les auteurs de ces chroniques ont employé le mot *Saltuarius* , terme du latin classique, qui ne peut appartenir à la basse latinité des 8.ᵉ et 9.ᵉ siècles. (1) Nous demanderons donc aux étymologistes, comment il serait possible que les traducteurs français eussent opéré sur des matériaux flamands, qui n'étaient eux-mêmes que des traductions du latin ? Pour admettre une marche aussi contraire à tout système de traduction , il faudrait aussi supposer que les traducteurs du latin en bas allemand, eussent pris le mot *Saltuarius* employé dans les originaux , pour *l'action de gouverner* (ce qui aurait été absurde) ; n'est-il pas en outre évident que le nom du *gouvernant* , pris à tout moment dans les récits pour celui de *l'action de gouverner* , eût été un *non-sens* continuel ? Il est difficile de concevoir, comment une semblable idée a pu entrer dans la tête de tout homme tant soit peu au fait des matériaux de notre histoire de Flandre ; c'est cependant , selon toute apparence, cette interprétation ridicule, ramassée on ne sait pourquoi , par Dom Clément, qui lui suggéra la phrase insérée dans le préambule de la chronologie des comtes de Flandre , et dont nous avons parlé à la réfutation de la troisième objection. La poésie a ses licences, l'étymologie

---

(1) Voyez tous les dictionnaires, comparés aux vocabulaires *infimæ latinitatis*.

a peut-être aussi les siennes ; mais il faut avouer que celle-ci a été poussée un peu loin. (1)

SIXIÈME OBJECTION.

Il est vrai, aux termes de la sixième objection, que le *castrum islense* ne figure , ni dans l'itinéraire d'Antonin, ni dans les tables de Peutinger , ni dans les cartes de Robert , ni même dans celle de Nicaise, qui se trouve en tête du *Flandria illustrata* de Sanderus. Cela prouve seulement, que ce château (s'il a existé) (κ) n'était pas situé sur les voies romaines , dites de communication. Pour bien entendre ceci , il faut savoir , 1.º que l'itinéraire d'Antonin et celui d'Æthicus , moins connu que le précédent, ne signalent que les villes, les camps retranchés et les lieux d'étape; 2.º que les tables de Peutinger et les cartes de Robert, dressées d'après les meilleures histoires anciennes, calquées sur l'itinéraire de Théodose , ne désignent que les villes et les chaussées de communication, les premières par des *ronds*, et les secondes par des *lignes pointées* ; 3.º que la carte de Nicaise Fabius , quoique plus détaillée , laisse tout le pays , à l'exception des villes situées sur les lignes de

---

(1) Un Belge instruit nous avait renouvelé l'objection avec un a-plomb imperturbable; à la première phrase de la réplique rapportée plus haut, il revint de son opinion qui était, dit-il, celle des hommes instruits de son pays, et parut confus d'avoir donné dans une erreur aussi palpable, faute de réflexion.

petite communication (1) et le long des rivières
navigables, comme terrain vague; or, le *castrum
ictense* ou *buccense* (comme on voudra le nommer), ne se trouvant, ni sur les bords d'une
rivière navigable, (L) ni sur une route de grande
et petite communication, n'a pas dû figurer dans
la géographie ancienne, ni dans celle du moyen-
âge, avant le commencement du 11.e siècle,
époque de la fondation de Lille et probablement
aussi, époque de la destruction du château, puisque
la charte de fondation de l'église de St.-Pierre n'en
parle point. Le château du Buc pouvait donc
exister, ainsi qu'une foule de villes, de villages
et d'autres habitations placées en dehors des voies
de communication et des rivières navigables,
sans être indiqués, comme nous venons de
le dire, dans les plans de géographie ancienne;
ces sortes de cartes, comparables aux itinéraires
de poste, indiquent les relais seulement et ne peuvent servir à mettre sur les traces d'aucune agglo-
mération d'habitations en dehors de leur objet;
après cela, nous ne pensons pas que les variantes
historiques sur l'existence ou la situation de ce
château, puissent entrer pour grand'chose dans
la question des Forestiers.

Arrivant enfin à la conclusion de ce mémoire,

---

(1) On nommait lignes de petite communication, celles qui n'étaient
point garnies de pierres, comme par exemple, le chemin d'Arras à
Estaires ; Nicaise en a signalé plusieurs.

notre avis motivé : 1.º sur une tradition non interrompue , confirmée par des chroniques et par des pièces contemporaines ; 2.º sur la vraisemblance de faits rapportés , exactement conformes à la chronologie historique , (à l'exception des aventures évidemment fabuleuses de Lydéric); 3.º sur la bonne foi des chroniqueurs contemporains, dont on n'a point de raisons de suspecter la véracité et l'impartialité; 4.º sur la faiblesse des objections formées contre leur existence ; notre avis, disons-nous, est : qu'il a réellement existé des Forestiers, qui ont nécessairement dû être institués par les Rois Francs de la première race , souverains directs ou suzerains de la Belgique , après l'expulsion des Romains; que leurs fonctions, bien qu'elles fussent héréditaires, étaient néanmoins révocables , en cas de forfaiture, comme il est arrivé à Burchard ; nous induisons des faits et gestes de Lydéric d'Harlebecques, d'Enguelram , d'Odoacre , de Bauduin (avant sa nouvelle dignité): que la juridiction des quatre premiers, varia selon le bon plaisir des Rois de France; que celle des quatre autres s'augmenta successivement et s'étendit du pays des Ripuaires ou de la Batavie , d'une part, jusqu'au port de Boulogne , et de l'autre , de la mer de Flandre à la Somme ; nous pensons : que Charlemagne , en réintégrant Lydéric d'Harlebecques dans l'emploi précédemment occupé par son aïeul Burchard , avait ordonné quelques changemens dans ses attributions , puisqu'il nomma Enguelram, gouverneur, *præfectus*, du littoral, du vivant de son père; nous pensons : que tous exercèrent une surintendance civile, militaire et maritime sur la portion du territoire confiée à leurs soins ; nous croyons : que l'avènement de Bauduin Bras-de-Fer au comté de Flandre, ne fut, à proprement parler, qu'un changement de peu d'importance, puisqu'il réunissait, comme Forestier, les mêmes attributions et dignités , et qu'en réalité, il n'y gagna que la qualification de Comte , et le droit de porter l'épée au couronnement de ses suzerains ; nous croyons : que Charles-le-Chauve , en déclarant son gendre , grand vassal de sa couronne, ne fit que suivre le mode de gouvernement féodal , mis en vigueur par son aïeul Charlemagne , dont le but était de soumettre le vaste empire qu'il possédait , à un régime uniforme, et de lier les grands vassaux à son sceptre, par l'obligation sacrée du serment de foi et hommage; nous pensons : que les controverses élevées au sujet de ces personnages, viennent de la trop grande importance que les modernes ont attachée à l'existence politique de ces grands officiers ; que cette importance doit être attribuée à la préoccupation , à l'idée que ces modernes s'étaient formée de toute fonction héréditaire, qu'ils assimilaient au pouvoir souverain, supposition qui leur faisait regarder les Forestiers, comme ayant exercé puissance suprême ; nous croyons : que nos Forestiers n'étaient pas plus élevés en dignité et en pouvoir, que les autres grands officiers des Rois de la première et du commencement de la seconde race, dont on n'a jamais parlé; témoin Angilbert, ou Engibert qui exerçait des fonctions semblables aux leurs sur une partie du littoral, depuis Boulogne jusqu'à l'embouchure de la Seine, sans qu'on se soit occupé de lui, ni après sa retraite dans un monastère, ni à aucune époque du moyen-âge et de l'âge moderne ; nous tenons définitivement pour certain : que leur existence politique ne fut jamais indépendante; qu'elle dut, au contraire, être toujours subordonnée aux Rois de France, sous lesquels ils vivaient.

Nous ne nous flattons pas d'avoir eu connaisance de tous les documens, de toutes les pièces utiles à la discussion de la question que nous n'avons pas la prétention de décider en dernier ressort. Un monument, une médaille, un titre quelconque mis en lumière, peuvent faire naître une nouvelle discussion et amener une autre décision; des concurrens plus heureux que nous, ont su peut-être se procurer des renseignemens qui nous sont inconnus, et par conséquent être à même de tirer une conclusion différente de la nôtre ; peut-être même sont-ils appelés à déchirer entièrement le voile dont nous n'avons soulevé qu'un coin. C'est du choc des opinions que naît la vérité ; qu'on nous la montre , et nous déposerons incontinent nos propres opinions sur son autel. (n)

Nous n'avons plus maintenant qu'à remercier la Société de la patience qu'elle aura mise à lire notre opuscule et à solliciter son indulgence pour les fautes de style et de rédaction que trop de précipitation à exécuter ses ordres nous aurait fait commettre.

NOTES.

(A) On ne peut considérer comme documens historiques, les utopies de certains écrivains sur les Cimbres et les Teutons; les couches entières de troncs d'arbres et de branches trouvées à peu de profondeur, dans un rayon de trois à quatre lieues, dans les bas fonds de la Flandre occidentale, sont sans contredit, les signes certains d'inondations extraordinaires. Vouloir en préciser les différentes époques, donner des détails sur leurs effets, on peut le tenter; mais prétendre décrire les mœurs des populations détruites par ces grandes catastrophes de la nature, aller chercher ces détails dans les entrailles de la terre, c'est, à notre avis, perdre un temps précieux qui pourrait être mieux employé.

(B) La plupart des chroniqueurs Flamands débutent toujours par faire de la Flandre, un pays inhabité, couvert de bois et de marais, sans désigner quand et comment le terrain fut desséché et défriché; ce qu'il y a de certain, c'est que Jules César, Pline l'Ancien, Strabon, Pomponius-Méla et autres, dans le peu de renseignemens qu'ils nous ont laissés sur la situation topographique de la Gaule-Belgique, s'accordent à la représenter comme très-peuplée; ainsi l'exorde banal des chroniqueurs, surtout de ceux des seizième et dix-septième siècles, ne peut s'appliquer aux temps de l'occupation romaine.

(C) César et les autres généraux romains se faisaient toujours précéder d'émissaires, disposant les esprits à favoriser leur entrée dans le pays qu'ils avaient l'intention de soumettre; ces émissaires agissaient, soit en exploitant de vieilles querelles entre les peuples et promettant leur appui aux deux partis, soit en encourageant la révolte des sujets contre les Rois, soit en affectant d'avance un profond respect pour les choses et les usages chers aux peuples, et toujours en répandant l'or à pleines mains. Les contrées qui eurent la faiblesse d'ajouter foi à leurs promesses, tendirent les mains aux fers qu'ils leur destinaient, et ne tardèrent pas à s'en repentir.

(D) La chûte du polythéisme devant le Christianisme, est un fait digne de méditation ; long-temps avant le quatrième siècle, époque désignée pour sa disparition, les Romains eux-mêmes rougissaient d'un culte qui déifiait non-seulement les passions de l'âme, mais les fonctions les plus viles du corps. Tandis que les philosophes cherchaient vainement dans les anciens systèmes théosophiques les moyens de former une religion nouvelle ; tandis que leurs sophistes se perdaient en raisonnemens sur la nature des Dieux et de l'âme humaine, le Christianisme s'avançait offrant une morale applicable à tous les individus, à tous les états de la vie ; les meilleurs esprits, les Jérôme, les Chrysostôme, les Augustin s'y attachèrent, et démontrèrent sa sublimité ; dès-lors, il s'étendit rapidement et sans effort jusqu'au nord des Gaules, malgré les persécutions et les supplices.

(E) Voyez ce qui est rapporté du château du Buc, à la note K.

(F) Buzelin ne s'explique pas clairement à ce sujet; on ne sait s'il entend parler de l'époque où il écrivait, c'est-à-dire, vers l'an 1600 environ, ou bien s'il est question du temps où écrivait l'auteur de la chronique, *chronicon vetus*, d'où il a tiré les faits dont il parle.

(G) Les démarches que nous avons faites pour nous procurer la vue de ce missel, ont été infructueuses; ce que nous avons pu en apprendre, c'est qu'il est l'ouvrage d'un moine du douzième siècle, qui a extrait et placé dans cette compilation, à côté de faits véritables, des fragmens entiers de romans de chevalerie qu'il a pris pour des vérités. Chacun sait que les temps les plus reculés du moyen-âge ont eu leurs poëtes et leurs romanciers ; Jean Turpin, l'un des plus féconds parmi ces derniers, qui florissait vers le commencement du neuvième siècle, exploita l'histoire de Charlemagne à sa manière ; doué d'une imagination ardente, il prête à ses héros des vertus et des qualités exagérées ; Roland pourfendait des Sarrasins d'un seul coup de sa bonne épée, et tranchait de gros morceaux de roche aussi facilement que s'il eût coupé un fil. Le son du cor suspendu à son cou, se faisait entendre à plusieurs centaines de lieues ; le baume de ce Fier-à-bras guérissait subitement les blessures les plus dangereuses ; les exploits de galanterie, comme les faits d'armes, tenaient du prodige. Le temps de faire pénitence étant arrivé, on rencontrait Renaud de Montauban, disparu du camp, sans qu'on sût ce qu'il était devenu, occupé à servir les maçons en toute humilité ; Maugis, son cousin, habile dans l'art de la nécromancie, allait finir ses jours au fond d'un bois, sous le froc d'un ermite. Ces contes puérils remaniés et reproduits d'âge en âge par des moines crédules, ne fatiguaient point les générations qui prenaient plaisir à les entendre réciter ou chanter par les trouvères ; les aventures de Lydéric du Buc, divisées par livres et chapitres, exagérées et arrangées par quelques imitateurs de Jean Turpin, se perpétuèrent comme les ouvrages de ce dernier ; des chroniqueurs flamands, charmés des choses qu'ils y trouvaient, prirent au sérieux ce qui n'était qu'imaginaire, et les insérèrent dans leurs chroniques ; Buzelin préoccupé de l'idée qui le dominait, aura été poussé à prendre aussi au sérieux tous les faits indistinctement rapportés dans ce *vetus chronicon* ; faute impardonnable, dans un écrivain aussi éclairé, faute qui constitue une différence notable entre lui et le judicieux curé de Blankemberg.

(H) Grégoire de Tours, Eginhard, Aimoin, Flodoard, Eccard, Benoit le lévite, Alcuin, l'Astronome, Hincmar, Aigrade, Agobard, Adrevalde, Frédégaire et quelques autres sont des exceptions à la règle; encore la plupart de ces écrivains étaient moines ou clercs.

(I) On prétend que les pierres employées au radier du moulin du petit Wargnies, sont des fragmens de ces longues dalles de recouvrement; en les examinant de près, nous avons effectivement remarqué des traces d'entailles qui ont pu servir aux crochets de fer qui les tenaient attachées. Le voisinage de la grande voie de communication venant de Bavai, traversant les terroirs de Pré-au-Sart et de Wargnies, donne une certaine vraisemblance à cette conjecture.

(J) Quelques années avant la dernière révolution de la Belgique, le Roi Guillaume avait fait l'acquisition des immenses matériaux qui ont servi aux jésuites d'Anvers; espérant trouver cette collection arrangée et classée par ordre séculaire et annuel, nous nous étions rendu à Bruxelles à effet de consulter les cahiers employés à la révision des vies de St.-Eloi, de St.-Amand, de St.-Sauve et autres Saints contemporains de l'époque; nous avons trouvé ces pièces entassées dans le même état où elles avaient été transportées en cette ville; la vie entière d'un archiviste laborieux ne suffirait pas à leur classement. Ainsi nous avons dû renoncer à des recherches sur lesquelles nous avions fondé de grandes espérances. Un jour viendra, sans doute, où elles seront mises en état d'être consultées avec fruit sur l'histoire en général, et particulièrement sur les faits qui se rattachent au berceau de la monarchie française; c'est une consolation d'espérer que nos successeurs pourront tirer parti de ce trésor archéologique.

(K) L'objection n'a pu être faite que par des personnes peu familiarisées avec la géographie ancienne ; nous les engageons à étudier les livres élémentaires qui traitent de cette branche de la science. Le château du Buc qui a si long-temps exercé l'imagination des écrivains qui ont discuté sur l'origine de la ville de Lille, est encore un problème; les uns disent : qu'il était bâti près du pont de Fin sur la paroisse de St.-Maurice; d'autres veulent qu'il ait été situé sur la motte autrefois nommée *Motte Madame*. Le fait est qu'on n'a découvert jusqu'à présent aucune ruine, aucune fondation qui puisse faire soupçonner son emplacement; du reste, une construction du septième siècle pourrait avoir disparu sans laisser de vestiges. Les ruines du château du Buc, s'il s'en trouvait, ne signifieraient rien pour la solution de la question des Forestiers. L'épithète de *buccense*, *bucanum*, appartenant à la basse latinité, c'est-à-dire à une époque moins ancienne que le neuvième siècle, mettrait en grand doute l'existence de ce château, au temps indiqué par la tradition. Nous avons fait des recherches assez nombreuses à cet égard, sans résultat, et nous avons la certitude que la voie principale de Gand, *Ganda*, *Gandavum*, à la mer et au port de Boulogne, passait par Oudenarde, Tournay, Seclin, Le-Mesnil et allait rejoindre la route ordinaire à Castres. Il n'existait donc point de communication de Gand à Arras par Lille.

(L) Voyez la carte de Nicaise.

(M) En effet, la disgrâce de Burchard, la réintégration de Lydéric d'Harlebecques, la faveur dont jouirent Enguelram et Odoacre, la confiance de Charlemagne en ces Forestiers, partisans de sa nouvelle dynastie, la guerre

entre Charles-le-Chauve et Bauduin, la paix conclue entre
ces deux princes, ces détails en harmonie avec les évènemens contemporains, en rapport avec la chronologie et
l'histoire, ont un caractère de vraisemblance qu'on ne peut
dissimuler.

(N) Nous avions un pressentiment que l'histoire de la
fête des Forestiers, célébrée, chaque année, à Bruges,
jusqu'au règne de Charlemagne exclusivement, nous aurait
fourni quelques indices sur la question; cette fête instituée,
selon les uns, vers le milieu du treizième siècle, et selon
d'autres, au commencement du onzième, devait avoir
quelque rapport avec la généalogie des Forestiers; nous
l'espérions ; les manuscrits que possède la ville de Lille,
sur le jeu de *l'épinette*, nous faisaient croire que nous
rencontrerions de semblables renseignemens, à Bruges.
Nous avons été déçu de ce côté; les archives et la biblio-
thèque de cette ville ne possèdent rien qui ait rapport
à ces brillans tournois, où toute la noblesse du pays envi-
ronnant était conviée. On en a même perdu le souvenir,
d'après ce que nous ont dit les personnes chargées des
dépôts publics.